L'AUTRICHE

DEVANT L'OPINION

PARIS

IMPRIMERIE DE L. TINTERLIN ET Cᵉ,

rue Neuve-des-Bons-Enfants, 3.

L'AUTRICHE

DEVANT L'OPINION

PAR

ANATOLE DE LA FORGE

> « Quand on ne veut que la justice, on ne
> craint pas la lumière. »
> (MONITEUR du 10 avril dernier).
>
> « Il existe une puissance plus forte que
> les rois et les empereurs, c'est l'opinion
> publique ; et, de nos jours, on ne peut la
> braver impunément. »
> (Discours de M. Disraéli au Parlement
> anglais. Séance du 18 avril 1859).

PARIS

E. DENTU, LIBRAIRE-ÉDITEUR

GALERIE D'ORLÉANS, 13, PALAIS-ROYAL

—

1859

L'AUTRICHE

DEVANT L'OPINION

◦-❊❀❊-◦————

Finis coronat opus !

Depuis le jour où la question italienne a été posée dans la politique européenne par les usurpations successives et les envahissements audacieux de l'Autriche au delà des Alpes, la diplomatie de cette puissance n'a jamais cessé de travailler à égarer l'opinion sur son compte. Tantôt par les prières, tantôt par les menaces, le cabinet de Vienne a tout essayé pour tromper la bonne foi publique. Sous les dehors du respect aux traités existants, il a constamment fait appel à la force et préparé contre l'esprit même de ces traités les éléments du despotisme militaire sous lequel le gouvernement de l'empereur François-Joseph espérait écraser la race latine.

La note remise par les plénipotentiaires sardes à lord Clarendon et au comte Walewski, le 16 avril 1856, signalait déjà en ces termes les dangers pour le repos de l'Europe de la domination autrichienne en Italie : « Le système de compression et de réaction violente inauguré en 1848 et 1849 dure sans le moindre allégement. On peut même dire que, à quelques exceptions près, il est suivi avec un redoublement de vigueur. Jamais les prisons et les bagnes ne furent plus encombrés de condamnés pour cause politique ; jamais le nombre de proscrits ne fut plus considérable ; jamais la politique ne fut plus durement appliquée.

« Toutefois, en ces derniers temps, l'agitation populaire semblait s'être calmée. Les Italiens, voyant un des monarques nationaux coalisé avec les grandes puissances occidentales pour faire triompher le principe du droit et de la justice, et pour améliorer le sort de leurs coreligionnaires en Orient, avaient conçu l'espérance que la paix ne serait pas faite sans apporter un adoucissement à leurs maux. Cette espérance les a rendus calmes et résignés. Mais lorsqu'on connaîtra les résultats négatifs du congrès de Paris, lorsqu'ils sauront que l'Autriche, nonobstant l'intervention bienveillante de la France et de l'Angleterre, s'est refusée à toute discussion, et qu'elle n'a pas voulu même se prêter à l'examen des mesures opportunes pour remédier à un si triste état de choses, il n'est pas douteux que l'irritation assoupie se réveillera avec plus de violence que jamais.

« Convaincus qu'ils n'ont plus rien à attendre de la diplomatie ni des efforts des puissances qui s'intéressent à leur sort, les Italiens s'incorporeront, avec une ardeur méridionale, dans les rangs du parti subversif, et l'Italie deviendra de nouveau un foyer ardent de conspirations et de désordres , qui seront peut-être réprimés par un redoublement de rigueurs, mais que la moindre commotion européenne fera éclater de la manière la plus violente. Si un état de choses aussi fâcheux mérite de fixer l'attention des gouvernements de France et d'Angleterre, également intéressés au maintien de l'ordre et au développement régulier de la civilisation, il doit naturellement préoccuper au plus haut point le gouvernement du roi de Sardaigne. »

Cette note diplomatique n'atteste-t-elle pas les sages efforts tentés par le roi Victor-Emmanuel et le comte de Cavour pour maintenir la paix depuis trois ans, au milieu des graves et menaçantes complications de la question italienne. Il est donc permis de dire que, en face de l'attitude provocatrice de l'armée autrichienne, rassemblée à portée de canon de la frontière sarde, le gouvernement piémontais a montré la plus louable modération. Mais, si grande que fût cette modération, elle ne pouvait suffire encore à comprimer les perfides intentions du cabinet de Vienne envers la Sardaigne, dernier boulevard de la nationalité italienne. Le mauvais vouloir de l'Autriche s'était manifesté ostensiblement au Congrès de Paris, où cette puissance, admise sans avoir pris sa part de gloire dans la guerre d'Orient, comme la Russie, l'Angleterre, la Sardaigne et la France, se montra plus exigeante à elle seule que toutes les autres puissances réunies. Le comte Buol refusa d'accepter la discussion proposée par le comte de Cavour et ne daigna pas même, ainsi que nous venons de le voir, se prêter à l'examen de la question. En 1846, déjà, M. de Metternich, négligeant l'objet principal d'une protestation de M. Guizot contre l'occupation militaire de Cracovie, répondait que le moment de la révision des traités de 1815 ne lui *paraissait pas encore venu !* La maxime de la diplomatie autrichienne est celle-ci : « Tout faire et tout nier. »

Dangereux exemple, en vérité, que celui qui perpétue l'abus de la force, et cela après avoir reconnu solennellement à Aix-la-Chapelle, au nom des souverains représentés, « que leurs devoirs envers Dieu leur prescrivent de donner au monde, autant qu'il est en eux, l'exemple de la *justice*, de la *concorde*, de la *modération*. Heureux, disaient-ils, de pouvoir consacrer désormais tous leurs efforts à protéger les arts de la paix, à accroître la prospérité intérieure de leurs États et à *réveiller ces sentiments de religion et de morale* dont le malheur des temps n'a que trop affaibli l'empire. » C'est en ces termes onctueux, paternels, hypocrites, que l'on annonçait à l'Europe la sanction des traités de 1815, en vertu desquels l'Autriche, aidée d'une armée d'occupation de deux cent cinquante mille hommes, tient l'Italie sous sa cruelle domination. On bâtonne les enfants, on fouette les femmes, on exile, on emprisonne ou on fusille les hommes pour le moindre délit politique. On gouverne enfin, selon la règle du bon plaisir, avec l'état de siége et ses conseils de guerre en permanence à Milan et à Venise ; cela s'appelle à Vienne, *réveiller les sentiments de religion et de morale !*

L'Autriche, non contente de torturer et de ruiner la Péninsule, cherche encore à la flétrir dans l'opinion, en décorant d'un semblant de justice l'échafaudage de son odieuse tyrannie. Et elle croit dissimuler aux yeux du monde civilisé l'atteinte permanente qu'elle porte au droit des gens et à l'humanité par son occupation armée dans toute l'Italie, en criant qu'elle lutte là-bas contre l'esprit révolutionnaire. C'est avec cet argument qu'elle essaie de fermer la bouche aux hommes impartiaux qui lui demandent compte du sang qu'elle a versé en frappant les plus illustres et les plus recommandables patriotes de l'Italie.

« L'Autriche, après avoir obtenu, sans qu'il lui en coûtât le moindre sacrifice, l'immense bénéfice de la liberté de la navigation du Danube et la neutralisation de la mer Noire, se verra-t-elle à la tête d'une influence prépondérante en Occident ? » La France, l'Angleterre, la Russie, la Prusse elle-même, ainsi que toute l'Allemagne, ont intérêt à ne jamais le permettre, car alors l'Autriche, fortifiée déjà aux dépens des autres puissances à la suite de la guerre d'Orient, à laquelle cependant elle n'a pas pris part, deviendrait maîtresse absolue de l'Italie et souveraine dispensatrice des libertés qu'il lui plaît de confisquer partout où elle plante son drapeau. Les témoignages de réprobation envers l'Autriche étaient presque unanimes. Le dernier acte de cette puissance , l'ultimatum brutalement adressé au Piémont, a comblé la mesure de la patience publique; et aujourd'hui les défenseurs du cabinet de Vienne ont, à peu d'exceptions près, tous disparus.

Grâce aux efforts des partisans de l'absolutisme, la question italienne était, aux yeux de bien des gens, confondue avec les idées de désordre, de socialisme , et même d'irréligion. Cette dernière considération , d'invention nouvelle, a été mise en avant ces jours-ci pour la première fois par les organes parisiens de la politique de Vienne. Voilà un nouvel argument que nous n'avions pas prévu, confessons-le humblement. La France, fille aînée de l'Eglise, disaient ces ingénieux avocats du trône et de l'autel, osera-t-elle faire la guerre à l'Autriche, puissance catholique et fille cadette de cette même Eglise? La guerre entre sœurs, fi donc ! Ainsi, à défaut de bonnes raisons, les ennemis de l'Italie cherchaient à transformer une question politique en question religieuse ; et si la chose avait dépendu d'eux, ils auraient volontiers déclaré hérétique quiconque ne se serait pas senti disposé à adorer l'empereur d'Autriche ou ses représentants sur la terre italienne. De là au salut exigé jadis pour le chapeau de Gessler (1), il n'y a plus qu'un pas. Heureusement l'exemple de Guillaume Tell a porté ses fruits au delà des Alpes, et les défenseurs de l'indépendance

-----

(1) On se souvient que ce gouverneur de la Suisse, sous Albert Ier d'Autriche, fut cause, par sa cruauté, de l'insurrection qui enleva ce pays à la maison d'Autriche, en 1307.

ne manqueront pas à la Péninsule. D'ailleurs, les logiciens aux abois qui réclament en faveur de la religion de l'Autriche, n'oublient qu'une chose : c'est que l'Italie aussi est catholique ; mais seulement elle a peut-être le tort de ne pas l'être plus que le Pape. Que M. Veuillot lui pardonne cette erreur ou qu'il tâche de la dissiper par ses douces exhortations. Ainsi, au point de vue même où les amis du cabinet de Vienne voulaient placer la question, ils auraient encore le désavantage : il y a plus de catholiques à protéger en Italie qu'en Autriche. Mais puisque les défenseurs de cette dernière puissance en arrivent à invoquer la religion, que ne prennent-ils sa morale pour guide ? Elle les dirigerait dans une voie meilleure que celle qu'ils suivent. Le sublime précepte dont nous leur parlerons souvent : « Ne faites pas à autrui ce que vous ne voudriez pas qu'on vous fît ! » diminuerait peut être l'admiration respectueuse vouée par eux à un régime fondé sur les peines corporelles, la suppression des tribunaux civils, l'accroissement des impôts, la prison, le gibet et l'exil. Donc, soit qu'on se place au point de vue de la religion, de la morale, de la philosophie, de la politique, la domination autrichienne en Italie est contraire à toutes les lois reçues dans une société civilisée.

Voyons ce qu'est cette domination, par rapport au droit des gens :

Il n'est aucune doctrine qui consacre la perpétuité d'une injustice, or, l'occupation de la Lombardie et de la Vénétie par une armée étrangère ne repose que sur des traités altérés, violés, révisés de la main de l'Autriche, et cela de l'aveu de ceux qui prétendent que ces traités doivent éternellement servir de base à l'équilibre européen. En principe, personne n'est plus disposé que nous à admettre et à respecter le droit des traités ; seulement, pour être respectée, l'œuvre doit être respectable aux yeux de tous. — Celle de 1815 possède-t-elle ce caractère — non. Les juges sérieux, en matière de droit international, l'ont tous signalée comme un attentat contre l'indépendance des nations et la liberté des peuples (1). Rossi, le comte de Garden, Henri Weaton, Thiers, Mignet, Henri Martin, Napoléon III, Guizot, ont successivement démontré ce qu'il y avait de défectueux dans l'œuvre de la Sainte-Alliance. Et l'on veut que ce partage inégal de territoires envahis, partage accompli à la hâte, sous l'impression de craintes exagérées, à la suite d'une longue guerre, soit considéré comme le modèle indestructible de toute sagesse diplomatique, et que, à tout prix, les traités de 1815 restent le code immuable de la politique européenne. Cette prétention n'a pas le sens commun. Nous ne nous étonnons que d'une chose, c'est que cet évangile diplomatique, qui consacre l'esclavage d'un peuple, n'ait pas rencontré pour premiers adversaires tous ceux qui lisent l'Évangile religieux, celui qui, au nom du Dieu d'amour et de miséricorde, combat l'esclavage et protége les faibles contre les forts.

« Quand un traité, œuvre d'un ou plusieurs gouvernements, n'est point l'expression sérieuse du vœu national, il ne peut attribuer aucun droit, nul gouvernement n'ayant le pouvoir de livrer à l'étranger la souveraineté du pays. Le traité alors n'est bon qu'à constater la consommation d'un grand crime, c'est une pièce de conviction, ce n'est pas un traité. » Toute l'histoire de l'œuvre de la Sainte-Alliance et celle des traités particuliers de l'Autriche avec les petits États d'Italie, se trouve renfermée dans ce jugement : Depuis quand, et au nom de

---

(1) Voir à ce sujet la circulaire de lord Castlereagh aux diverses légations anglaises (19 janvier 1821).

quel droit un peuple est-il responsable de stipulations qui ne sont, en réalité, que de honteuses abdications de souveraineté? Qu'un roi abandonne le pouvoir, rien de plus légitime et parfois de plus heureux ; mais que le chef d'un État traite de la liberté de son pays, voilà ce que le droit des gens n'a jamais admis, n'admettra jamais.

C'est en étudiant la question italienne à la lumière de ces principes, que l'on voit ce que valent les traités de 1815, sans cesse invoqués comme des titres sérieux de possession pour l'Autriche. Lorsqu'une puissance compromet le repos de l'Europe, dans le but d'augmenter ses ressources financières et commerciales, lorsque cette même puissance, sans tenir aucun compte des avertissements désintéressés, réduit une nation tout entière au désespoir — les puissances voisines ne peuvent, sans décheoir, s'interdire de mettre un terme à des injustices qui font naître de graves dangers. Ce but devra être celui de la France, et, en exigeant de l'Autriche l'abandon des provinces italiennes, elle n'exercera que le droit légitime de défense. De même que la loi civile protége, dans les pays civilisés, tout individu victime de voies de fait, d'agression brutale ou d'abus de la force, les peuples, autant que les particuliers, ont besoin qu'un tribunal intervienne parfois entre l'oppresseur et l'opprimé. — Ce tribunal, l'Autriche n'a pas voulu que ce fût un Congrès européen, ce sera donc, si Dieu le permet, le commandant en chef de l'armée française, stipulant au nom de l'Italie délivrée, et l'Autriche ne pourra s'en prendre qu'à elle-même des rigueurs de la décision.

Où est-il écrit que la force doive régner sans partage, et que, lorsque le monde entier suit la marche du progrès et obéit aux instincts qui le poussent vers la perfection, un seul gouvernement, celui de l'Autriche, se réserverait le droit de traiter la Péninsule comme les sauvages tribus de l'Inde traitent leurs ennemis. Car, en admettant même que les traités de 1815 conféraient à l'Autriche des droits sur les provinces italiennes, ces traités lui imposaient aussi des devoirs envers les populations soumises. Or, la vérité est que l'Autriche a abusé des droits, profité des avantages sans se souvenir des devoirs. — Sous ce rapport, sa domination était encore condamnable. Elle dénote une grande ignorance gouvernementale. Et M. de Metternich, qui se vantait, en 1848, à Londres, devant M. Guizot, de n'avoir jamais gouverné que l'Europe, aurait dû donner un peu plus de temps aux affaires de son propre pays, afin de mieux diriger.

Comment voulez-vous que l'Autriche, si pitoyablement administrée chez elle, au point de vue financier, puisse bien administrer chez les autres. En général, ce qu'on fait mal chez soi, on ne le fait pas bien ailleurs. L'Autriche, avec un bon gouvernement, aurait-elle inscrit à son budget la dette la plus considérable de toutes les puissances européennes? Maintenant, s'étonnera-t-on que le cabinet de Vienne ait transporté à Milan et à Venise ce système ruineux qui consiste à appauvrir les administrés au bénéfice des administrateurs. En bonne politique, c'était précisément ce qu'il fallait éviter; mais l'Autriche, en Italie, ne pouvait agir autrement qu'elle agit en Allemagne. Elle s'est même appliquée à prendre, au delà des Alpes, ses coudées franches, ne se doutant pas qu'en même temps qu'elle tarissait les sources de la prospérité, elle marchait à la banqueroute. — La guerre provoquée par elle lui a paru le moyen le plus ingénieux de l'éviter. — Reste à savoir qui payera les frais.

L'Autriche, silencieuse tant qu'elle a pu compter en France sur l'appui des *défaillances intéressées*, a le verbe haut maintenant que son armée est prête ; elle jette le masque et adresse chaque jour à notre pays de nouvelles injures. Heureusement ces fanfaronnades n'abusent personne ; tout le monde avait déjà remarqué que plus la modération de la France restait grande, plus la violence de l'Autriche augmentait ! « Nous n'avons, disait-elle, que le mépris à opposer à nos adversaires, » ou encore une autre aménité de ce genre : « La France ressemble à un mauvais débiteur qui fait nier sa présence lorsqu'on frappe à sa porte ! » Nous verrons bien ! Ainsi, lorsque de toutes parts les journaux de notre pays proclamaient leur profond respect pour la nationalité allemande, ceux de Vienne déclaraient à la Confédération germanique que nous allions marcher à la conquête du Rhin, et que, sous les plis du drapeau national italien, nous cachions l'ambition secrète d'un *aspirant à la domination universelle*. Grâce à Dieu, le bon sens de la Prusse a fait justice de ces intentions ambitieuses gratuitement prêtées à la France, qui songe à délivrer, mais non à conquérir.

En présence de tant d'attaques réitérées, de tant de grossières insultes, notre pays reste impassible et se contente d'en appeler à l'opinion. La France, confiante dans les arrêts de ce grand juge, forte de la droiture de ses intentions, laisse passer ces élans de colère et ne s'applique, au contraire, qu'à désarmer les susceptibilités de l'amour-propre national, que les outrages de l'Autriche réveillent peu à peu chez le lion endormi.

L'Angleterre, alors justement inquiète des dangers de ces provocations continuelles, intervient et propose sa médiation. La France l'accepte sans hésiter. Lord Cowley part pour Vienne, emportant la preuve des dispositions conciliantes du cabinet des Tuileries et l'espoir de tout arranger. Au bout de trois semaines, lord Cowley revient avec l'aveu que sa mission est venue aboutir à une situation résumée par ce titre d'une comédie de Shakspeare : « Beaucoup de bruit pour rien. » Tant de suppositions, d'espérances déçues, n'amènent qu'une confusion plus grande dans les esprits, mais il y a eu perte de temps, voilà tout. Le mal peut encore être réparé. Néanmoins, le gouvernement anglais subissait là un premier échec, et lord Derby, pour la gloire de son ministère de passage, aurait dû s'en souvenir à la séance du 18 avril avant de proclamer, du haut de la tribune d'un peuple libre, que « les sympathies de l'Angleterre, dans la question italienne, étaient entièrement du côté de l'oppresseur contre l'opprimé !

La Russie, dans le louable but de « prévenir les complications que l'état de l'Italie pourrait faire naître et qui seraient de nature à troubler la paix de l'Europe, » la Russie propose un Congrès. La France l'accepte encore, montrant par là combien elle est disposée à faire d'efforts pour arriver à une solution pacifique et concilier les intérêts généraux avec ses intérêts particuliers à elle et le soin de son propre honneur.

Ce n'est pas tout, lorsque l'Angleterre, la Prusse et l'Autriche elle-même, ont adhéré à la proposition de se réunir en Congrès afin de discuter à l'amiable les meilleurs moyens de pacifier l'Italie. L'Autriche s'oppose au vœu du Piémont, le principal intéressé dans le débat qui réclame son admission à ce tribunal diplomatique. Ainsi voilà un peuple, l'unique représentant libre de la nationalité italienne, qui a combattu en Orient pour la cause défendue par la France et l'Angleterre, un peuple qui, au Congrès de Paris, a posé pour la première fois, diplomatiquement, la question italienne soutenue par lord Clarendon, représentant de la Grande-Bretagne, et c'est à ce peuple, à son vaillant roi, au grand ministre tant vanté par les orateurs du Parlement anglais, que l'Autriche prétend fermer les portes du Congrès réuni pour régler les affaires de la Péninsule.

Eh bien ! sur ce point encore, la France cède, poussant, suivant nous, l'esprit de modération au delà des limites permises à une nation comme la nôtre, éprise de gloire avant tout. Au fur et à mesure que la France faisait ces concessions à la paix générale, l'Autriche, poursuivant son but, augmentait ses prétentions et devenait de plus en plus exigeante. On était parvenu à la convaincre, selon l'expression d'un spirituel écrivain (1), que le cœur de notre pays était renfermé tout entier dans la corbeille des agents de change. La vérité, au surplus, nous force d'avouer ici que l'influence égoïste du monde financier, se traduisant par les paniques irréfléchies de la Bourse, avait agi d'une façon désastreuse sur l'opinion et était parvenue à l'égarer un instant.

La rente baissait, on crut que la France elle aussi, entraînée par l'agiotage, devait faire comme la rente ! Autour de l'Empereur, ces *défaillances intéressées* avaient trouvé, dit-on, des interprètes chaleureux, on lui représenta qu'il compromettait l'avenir de la France en voulant assurer celui de l'Italie ; en un mot, la paix à tout prix eut, dans les hautes régions officielles, d'exigeants défenseurs. Attentive à ces luttes intimes entre la générosité et l'égoïsme politique, l'Autriche se méprit sur les véritables intentions du pays. Elle crut pouvoir affronter impunément l'opinion en exhibant aux yeux de la France le vieux fantôme de la coalition ; cette maladroite manœuvre eut cependant quelques succès, grâce à

____

(1) Paulin Limayrac.

l'appui de certains journaux, plus autrichiens à Paris que la *Gazette d'Augsbourg* à Vienne. On effraya les esprits timides, ceux-là influencèrent les autres. La propriété, la famille, la religion, tout fut mis en question par les coryphées de la diplomatie du comte Buol. — A entendre l'*Univers religieux*, la *Gazette de France* et l'*Union*, du respect aux volontés de l'Autriche allait dépendre le salut du pays ! La France devait courber humblement la tête devant les audacieuses exigences de la cour de Vienne. Une voix généreuse avait seule énergiquement appuyé, dans les conseils du gouvernement des Tuileries, l'idée première de l'Empereur personnellement favorable à la Péninsule : cette voix, pourquoi ne le dirions-nous pas, était celle du prince Napoléon qui, au lendemain de son mariage avec une princesse de Savoie, ne voulut pas consentir à sanctionner des concessions que, dans sa conscience, il jugeait nuisible à l'Italie. A la suite de ces débats politiques, le prince, ministre de l'Algérie, donna sa démission ; elle fut acceptée et insérée immédiatement au *Moniteur*. Cette protestation, si honorable pour celui qui en est l'auteur, avait une grande importance ; elle constatait, jusque sur les marches du trône, l'existence de sympathies très-vives pour la nationalité italienne. L'Autriche, loin d'y voir un avertissement, s'enhardit encore du résultat apparent de cette première manifestation. La presse de Vienne affecta de la traiter légèrement, et elle en prit acte cependant pour démontrer que les révolutionnaires seuls songeaient à s'opposer à sa politique, et que le gouvernement français commençait à revenir de ses erreurs. Enfin, bien qu'il eût beaucoup à se faire pardonner, Napoléon III, selon la *Gazette d'Augsbourg*, pouvait encore rentrer en grâce devant l'Autriche en donnant une nouvelle et solennelle approbation à la *meilleure*

base de *l'ordre et du droit* public européen, — aux traités de
1815 !

Il y avait du cynisme à émettre une telle exigence, puisqu'elle imposait une lâcheté à un souverain portant, sur le
trône des Tuileries, l'épée et le nom des Napoléon, bannis à
perpétuité du territoire français par ces mêmes traités de 1815.
— Mais l'Autriche, en bonne catholique qu'elle est, prêchait
par là une morale sublime, le pardon des injures ! puis elle
pensait qu'un peu de honte est bien vite passée, et elle n'hé-
sita plus à croire que l'empereur laisserait apposer la signa-
ture de son ministre au bas d'un protocole qui ferait des-
cendre la France au rang des ennemies de la nationalité
italienne. C'est sous l'influence de ces illusions que, sans
doute, le cabinet de Vienne osa proposer le désarmement
du Piémont, en maintenant, à une portée de canon de ses
frontières, une armée d'observation de deux cent cinquante
mille hommes ! L'opinion indignée se souleva dans toute
l'Europe, comme en France, contre cette étrange prétention.
Quel autre gouvernement que celui de l'Autriche absolutiste
aurait songé à faire déposer par un peuple les armes de la défense, avant que son ennemi, cinq fois supérieur en nombre,
ait déposé les armes de l'attaque. C'était bien là l'indice de la
loyauté que le cabinet de Vienne allait montrer plus tard.

L'insuccès de cette tentative inspira à la diplomatie autrichienne une nouvelle combinaison — le tout comme condition,
sine quâ non, de son entrée au Congrès, qu'elle avait accepté
d'abord sans résistance. Cette combinaison consistait à opérer
un désarmement général. La France en accepta aussitôt le
principe — il n'y a pas dans toute notre histoire un seul
exemple d'une telle longanimité — et peu de gouvernements
pourraient subir, sans déchoir dans l'opinion publique, tant

d'épreuves successives, imposées par le mauvais vouloir d'une puissance qui semble ignorer jusqu'aux premiers éléments du droit et de la justice.

Quoi qu'il en soit, la France, avec la condescendance des nations fortes et voulant n'avoir rien à se reprocher, adhéra au désir du gouvernement autrichien. Seulement, mue par un sentiment de rigoureuse justice, elle demanda que toutes les puissances invitées au désarmement fussent également appelées aux délibérations ; le Piémont, qui avait consenti à désarmer, entrait par conséquent de plein droit au Congrès. Enfin, au moment où le *Moniteur* enregistrait les dernières concessions de la France, acceptant non-seulement les propositions dont il vient d'être parlé plus haut, c'est-à-dire le désarmement général et simultané opéré par une commission militaire des cinq grandes puissances et du Piémont, mais encore l'introduction au Congrès des représentants de tous les Etats italiens, qui, n'étant que les satellites de l'Autriche, ne devaient apporter que des voix favorables à cette puissance ; à ce moment, dis-je, alors que la Russie, la Prusse, avaient adhéré comme la France à ces conclusions de l'Angleterre, l'Autriche, invitée à donner son consentement, refusa, et en parfaite connaissance de cause, sans égard pour les propositions du cabinet de Londres, sans égard pour les trois autres grandes puissances mêlées à ces graves négociations, malgré les instances du gouvernement prussien, qui déclare officiellement « n'avoir rien négligé pour rendre attentif le cabinet de Vienne aux suites incalculables et à la grande responsabilité que devait entraîner toute action isolée » L'Autriche, tout à coup, au mépris de tous les usages et devoirs diplomatiques entre nations civilisées, répond aux intentions pacifiques des grandes puissances de l'Europe par l'envoi d'un ultimatum à la Sardaigne.

Cet ultimatum, réclamant le désarmement immédiat et le renvoi de tous les volontaires accourus à Turin, ajoute que le cabinet de Vienne considérera un refus comme *casus belli*. Un aide de camp du général Giulay attend le délai fixé par l'Autriche, qui a donné trois jours au roi de Piémont pour obéir.

Celui-ci a répondu à cette injuste provocation en prenant le commandement en chef de son armée ; il aura à ses côtés, durant toute la guerre, son fils aîné, le prince Humbert, à peine entré dans sa seizième année !

II

Les défenseurs de la paix à tout prix, les représentants de l'Autriche en France, savent-ils maintenant à quoi s'en tenir sur la bonne foi du cabinet de Vienne? Nous l'espérons. Déjà la Russie, l'Angleterre, et la Prusse elle-même, invitée par l'archiduc Albert à s'associer à l'*ultimatum* adressé par l'Autriche au Piémont, ont énergiquement protesté contre une conduite qui enlève au gouvernement de Vienne les dernières sympathies de ses plus aveugles et plus ardents amis. L'*Univers religieux*, la *Gazette de France* et *l'Union* s'empressent-ils encore d'enregistrer avec amour les actes du cabinet autrichien, et de citer avec complaisance à leurs lecteurs sa conduite comme le parfait modèle de la modération et de la sagesse politique?

N'est-ce pas un spectacle affligeant que ce concert de louanges donné par des voix françaises à un gouvernement qui perpétue en plein dix-neuvième siècle les traditions barbares du moyen âge? Il est temps que cela finisse. Les écrivains qui applaudissent aux traitements et aux persécutions imposés aux populations italiennes par la domination autrichienne, ne songent donc pas à ce qu'ils diraient si leurs mères, leurs femmes ou leurs filles étaient soumises au fouet, à la bastonnade ou à l'emprisonnement? Que ces admirateurs d'*un si doux régime* cessent d'applaudir quand *on fait aux autres ce qu'ils ne voudraient pas qu'on leur fît à eux-mêmes.* Ce divin précepte contient toute la morale du droit des gens, et ce n'est pas *favoriser les mauvaises passions* que de se ranger du côté de ceux qui souffrent contre ceux qui font souffrir. Nous ne savons quel rôle important sera réservé aux Veuillot, aux Fontaine et aux Janicot de l'avenir; mais nous sommes suffisamment édifiés sur la valeur des sympathies généreuses de ces trois intrépides champions de l'Autriche.

S. M. François-Joseph jouit de ce double avantage d'avoir à Paris, comme à Vienne, des admirateurs dévoués de sa politique. — Pourquoi pas? Toutes les opinions ne sont-elles point libres! Et nos pères n'ont-ils pas vu, au moment de l'entrée des alliés, des femmes qui jetaient des fleurs aux Cosaques sur les boulevards, et les accueillaient avec toutes sortes de démonstration de tendresse. Ces mêmes Cosaques avaient encore cependant les mains teintes du sang des héroïques défenseurs de la Champagne, pauvres paysans qui, avec les débris de notre grande armée, soutinrent jusqu'au dernier jour l'honneur du drapeau de la France, et disputèrent, pied à pied, son territoire envahi par les hordes étrangères.

Ces tristes souvenirs de nos revers ne peuvent avoir aucune influence sur des hommes que l'esprit de parti aveugle, puisqu'ils préfèrent tout, même l'humiliation de leur pays, au triomphe d'idées qu'ils ne partagent pas. Tous les partisans de M. le comte de Chambord ne raisonnent pas ainsi, Dieu merci! et nous en connaissons plus d'un disposé à placer, comme nous, le drapeau national au-dessus des luttes d'opinions; mais il n'en est pas moins pénible de rencontrer sans cesse, dans le camp des adversaires de la France, les serviteurs du trône et de l'autel. Entre la politique impitoyable que l'Autriche pratique en Italie et la politique civilisatrice que la France veut faire prévaloir là-bas, il faut opter? Le bon sens, la justice, la morale, la religion réclament une prompte satisfaction. L'Autriche n'a-t-elle pas assez de son armée de deux cent cinquante mille hommes pour lutter contre l'Italie, sans que vous, Messieurs, vous prêtiez votre concours à cette œuvre d'iniquité.

D'ailleurs, sachez-le bien, les événements qui viennent de se passer sur les rives du Tessin ont produit un effet favorable à la cause de la Péninsule. Les violences de l'Autriche éclairent l'opinion et la mettent en garde à l'avenir contre le retour des surprises. Peu à peu, la question italienne, dépouillée des préjugés que l'ignorance des uns et la mauvaise foi des autres portaient à sa charge, se montre ce qu'elle est, c'est-à-dire digne des sympathies publiques. On ne répète plus cette accusation banale : les Italiens sont incapables de se gouverner, car la Sardaigne et son roi prouvent le néant de ces accusations.

Aujourd'hui, on le voit, les paroles encourageantes de certains membres du Parlement anglais pour l'Autriche ont porté leurs fruits. L'*ultimatum* adressé au Piémont a été en partie le résultat des déclarations d'amour faites au cabinet de Vienne par lord Derby, lord Malmesbury, M. Disraéli, du haut de la tribune anglaise. Sans ces démonstrations au moins intempestives, peut-être le gouvernement de S. M. François-Joseph n'aurait-il pas osé répondre par une déclaration de guerre aux efforts conciliants de la France, de la Russie et de la Prusse. En tout cas, une affection un peu plus contenue aurait épargné au ministère tory la peine de protester contre l'agression brutale d'un gouvernement dont ces tristes hommes d'État vantaient la veille la modération et la sagesse. Quand on a l'honneur de représenter la Grande-Bretagne, c'est faire un triste usage du pouvoir que de consacrer au nom d'un peuple libre l'asservissement d'un peuple opprimé. Nous doutons que l'Angleterre, si sympathique aux idées généreuses, ratifie dans les élections prochaines les honteuses sorties du cabinet tory.

Et puisque la Reine convoque son peuple afin « de se concerter avec lui et d'avoir son avis en Parlement, » elle verra de quel côté sont les sympathies de la grande nation qui a toujours accueilli avec respect les infortunes politiques. L'opinion publique a parfois, en Angleterre, de terribles réveils, et lord Derby et ses collègues apprendront bientôt à leurs dépens, nous l'espérons, que le pays n'est nullement disposé à s'associer aux actes liberticides de l'Autriche en Italie.

Il n'était pas besoin de l'*ultimatum* pour faire connaître aux vrais hommes d'État de l'Angleterre la politique tortueuse et violente du cabinet de Vienne. Nul ne songe, sur les bords de la Tamise, à nier le danger incessant de cette domination barbare pour le repos de l'Europe. D'un bout à l'autre de l'Angleterre, hormis peut-être les trois malencontreux orateurs que nous venons de citer, on ne rencontrerait pas un esprit sérieux disposé à faire cause commune avec la diplomatie autrichienne. Partout, sur cette libre terre, on blâme l'abus de la force. L'accueil fait à Poërio et à ses compagnons de captivité en est une nouvelle preuve. C'est là une vraie manifestation nationale qui exprime les sentiments du pays pour l'Italie, et la console des odieux compliments adressés à l'Autriche en plein Parlement à l'heure où elle allait mettre le pied sur le cœur de l'Italie. Autant vaudrait féliciter le bourreau sur son humanité un jour d'exécution capitale.

La souscription ouverte à Londres en faveur de Poërio, indique la haine de l'Angleterre pour la tyrannie odieuse exercée dans la Péninsule. Que dira-t-on donc des milliers de victimes que la domination autrichienne fait disparaître chaque année du territoire italien, et qu'elle arrache à leurs familles, sans qu'on puisse jamais savoir ce qu'ils sont devenus, — s'ils sont exécutés ou renfermés dans les prisons d'État de l'Autriche.

Les sympathies témoignées de l'autre côté du détroit aux réfugiés napolitains, sont de bon augure pour l'avenir de la question italienne, et, en lisant les noms de lord Shaftesbury, de lord Palmerston, de lord John Russell, de M. Gladstone, de lord Lansdowne, de lord Lyndhurst, mêlés aux noms plus obscurs, mais aussi honorables, des plus modestes citoyens de ce grand pays, nous comptons, non pas sur sa neutralité, mais bien sur son appui dans l'œuvre prochaine de l'affranchissement définitif de la Péninsule. — L'Angleterre doit cette leçon aux ministres qui ont compromis devant le monde civilisé le drapeau de la nation, en l'abaissant devant la politique flétrie d'une puissance condamnée par l'opinion. Ainsi, c'est au moment même où la diplomatie européenne, à l'exemple de la France, faisait à la paix universelle le sacrifice de toutes ses sympathies particulières, que l'Autriche, enivrée de l'encens britannique, lançait au petit État de Sardaigne une déclaration de guerre.

Jusqu'à présent, les journaux de Londres apprécient, comme les nôtres, la conduite inqualifiable du cabinet de Vienne, et la presse anglaise est unanime à souhaiter que l'Autriche soit enfin chassée de l'Italie. Quand nous nous souvenons de l'ovation faite à Manin durant une séance du Parlement, alors que M. Mazzini cherchait à tourner en ridicule le modeste président de la république de Venise, l'homme éminent, qu'il aurait bien mieux fait de chercher à imiter, parce que cet homme était son supérieur en patriotisme, en intelligence et en bon sens politique. Quand nous relisons les discours des premiers orateurs de l'Angleterre en 1848, nous ne pouvons nous résigner à croire que cette vaillante nation ne restera pas toujours la fidèle alliée de la France dans la lutte engagée pour secourir l'Italie. La protestation du gouvernement anglais contre l'agression brutale de l'Autriche le fait déjà pressentir; mais cette protestation, après les paroles prononcées, n'est qu'une réparation subite et insuffisante. Il faut que l'Angleterre exprime officiellement ses sympathies pour le triomphe de l'indépendance italienne.

Vainement la *Gazette de Vienne*, du 23 avril dernier, cherche-t-elle, dans un article publié en tête de sa partie officielle, à donner le change sur les motifs qui ont guidé sa conduite; vainement cette feuille s'efforce-t-elle de se justifier devant l'opinion en se posant comme la martyre de l'Italie. Les faits sont plus concluants que les paroles. A qui l'Autriche persuadera-t-elle qu'elle ait supporté ainsi qu'elle le dit, « pendant une série d'années, avec une patience dont on ne trouve pas d'exemple dans l'histoire, les attaques incessantes, les menées secrètes et les violations les plus évidentes des traités de la part de son faible voisin? Ne croirait-on pas entendre réciter la fable du loup et de l'agneau? Qui ne s'attendrirait sur les souffrances de cette malheureuse Autriche persécutée? A l'entendre, tous les États de l'Italie « ont tour à tour élevé la voix pour repousser les prétentions incroyables du Piémont ; » ne l'ont-ils pas élevée aussi pour bénir la domination autrichienne ? Si le journal officiel ne le dit pas, croyez bien qu'il le pense, et c'est par pure modestie qu'il épargne au *Moniteur* cette terrible réplique.

A la rigueur, la révolution récente de la Toscane, se plaçant d'elle-même sous la protection de la maison de Savoie, contredit bien un peu les assertions que la *Gazette officielle de Vienne* oppose au *Moniteur*. Mais, hâtons-nous de le reconnaître, le cabinet de Vienne ne s'embarrasse pas de ces bagatelles : il a réponse à tout, et au besoin, un second *ultimatum*, adressé au gouvernement provisoire de Florence, pourrait bien avoir raison de ces voix ingrates qui osent accuser la domination autrichienne des malheurs de l'Italie.

Comprend-on que sous le paternel régime d'un archiduc de la famille impériale de Vienne, au sein de cette Italie heureuse dont M. Veuillot, à son retour de Rome, nous a fait un si séduisant tableau ; à Florence, enfin, la ville des fleurs et des plaisirs, il se soit rencontré des patriotes assez exaltés pour venir appuyer une révolution nationale N'est-ce pas là le comble de l'ingratitude ? Quoi, Messieurs, pas même une parole de regret pour ces beaux officiers qui étalaient sur les pelouses des Caschines leurs brillants uniformes ; pas un souvenir affectueux à ces protecteurs envoyés par Radetzki afin de *faire régner l'ordre* dans vos villes et vos campagnes menacées. Il m'est pénible de le dire, mais cela ressemble à une noire trahison ; car, enfin, si cette protection vous a coûté cher (1), elle vous a été utile. Que seraient devenues vos admirables villes toutes semées de beaux monuments, vos ri-

______

(1) Nous en indiquions le prix dernièrement dans le *Siècle.*

ches et fertiles provinces? La proie des révolutionnaires, n'est-ce pas? En *tous* cas, croyez-le, l'Autriche, dans cette circonstance, en venant camper avec son armée au milieu de votre pays, s'est encore sacrifiée au bien public, à votre repos, à votre bonheur qui n'aurait pas été complet sans elle.

Ici qu'une réflexion nous soit permise, nous ne nous expliquons pas que Salvagnoli, l'un des promoteùrs de la révolution de Toscane, n'ait pas compris tout ce que la Péninsule doit de reconnaissance à l'Autriche. Il fut un temps où l'écrivain distingué dont nous parlons, disait : « La raison politique n'arrête pas ses bienfaits aux confins de l'État où elle triomphe et règne, mais elle les étend partout où elle trouve des cœurs préparés à les recevoir et à les recueillir. » La raison politique s'élevait déjà contre les abus sanglants de l'autorité militaire autrichienne en Italie, à l'époque où Salvagnoli publiait ces lignes éloquentes ; mais depuis, cette autorité n'a-t-elle pas changé de conduite. Puisque de bourreau qu'elle était, l'Autriche est devenue victime! Que ne tresse-t-on des couronnes d'immortelles à cette malheureuse maison de Hapsbourg, qui, pour prix de tous ses sacrifices, va perdre à jamais ses possessions italiennes.

Ce n'est donc pas seulement au *Moniteur* que s'adressent les plaintes de la *Gazette officielle de Vienne*, c'est à l'opinion publique, assez aveugle pour ne pas voir la modération de l'Autriche, assez partiale pour ne pas rendre justice à son entière bonne foi, même après les attestations favorables du ministère Derby et la *tristesse* de M. Plichon (1).

Cessons de railler et félicitons-nous, avec tous les gens de

(1) Consulter, au *Moniteur*, la réponse de ce député au discours de M. Émile Ollivier.

cœur, du rôle agressif pris par l'armée autrichienne sur les rives du Tessin, l'attitude de cette puissance équivaut à un aveu. On voulait éviter l'effusion du sang, en substituant à des traités dépouillés de toute autorité morale, les bases d'un nouvel ordre de choses en rapport avec la justice, le droit des gens et l'état normal de la société européenne. On allait mettre un terme à une situation contraire aux principes de la plus stricte équité. Dans ce but, la France, l'Angleterre, la Russie, la Prusse, avaient admis la nécessité d'un Congrès ; mais à ce Congrès l'Autriche n'aurait pas trouvé son compte. Elle voulait une consécration de sa politique en Italie et non un examen. L'Autriche a envahi le Piémont comme elle a envahi le territoire libre de Cracovie en 1846.

Tout cela est logique et était inévitable ; nous l'avons prévu et écrit. On nous appelait un rêveur alors ! Et, pourtant, qui donc a eu raison, je vous prie, nos adversaire ou nous ? A la discussion d'un examen impartial, le cabinet de Vienne a préféré le sort des armes. Soit ! Et que le sang versé retombe sur *ceux qui ont de gaieté de cœur provoqué la guerre.* L'Italie n'a rien à y perdre, car elle reconquiert sa liberté. Quant à la France, elle va « répondre à l'appel d'une nation alliée, à laquelle l'unissent des intérêts communs et des sympathies traditionnelles, rajeunies par une récente confraternité d'armes et par l'union contractée entre les deux maisons régnantes. »

Pour notre pays, la guerre sera donc uniquement l'accomplissement d'un devoir sacré. Aussi n'est-ce qu'à la dernière extrémité, après avoir épuisé toutes les voies conciliantes, que la France, l'histoire lui rendra cette justice, a envoyé ses vaillantes troupes au secours du Piémont menacé. Maintenant que l'épée de la France a été tirée pour l'indépendance de l'Italie, M. Jules Favre a raison de dire qu'elle ne doit pas rentrer dans le fourreau tant qu'un Autrichien sera sur le sol de la Péninsule.

L'accueil fait par les populations aux premières colonnes de notre armée donne une idée de l'enthousiasme et de la reconnaissance des Italiens. A l'heure du combat, on les verra à l'œuvre ! En attendant le premier bulletin, cédons la parole aux événements, et prions le Dieu de justice qu'il mette la victoire du côté du bon droit.

ANATOLE DE LA FORGE

Paris, 3 mai 1859.

FIN.

www.ingramcontent.com/pod-product-compliance
Lightning Source LLC
Chambersburg PA
CBHW061132050726
47594CB00005B/2201